共和国科学英才

杂交水稻之父袁隆平

董 峻 傅晓航/著   桃 染/绘

广西科学技术出版社

图书在版编目（CIP）数据

杂交水稻之父袁隆平 / 董峻，傅晓航著；桃染绘 .—南宁：广西科学技术出版社，2018.12（2021.5 重印）

（共和国科学英才）

ISBN 978-7-5551-1116-0

Ⅰ.①杂… Ⅱ.①董… ②傅… ③桃… Ⅲ.①袁隆平—生平事迹—青少年读物 Ⅳ.① K826.3-49

中国版本图书馆 CIP 数据核字（2018）第 297456 号

ZAJIAO SHUIDAO ZHI FU YUAN LONGPING

杂交水稻之父袁隆平

董 峻 傅晓航 著 桃 染 绘

责任编辑：赖铭洪 助理编辑：罗 风

责任校对：何 芯 封面设计：梁 良

责任印制：韦文印

出 版 人：卢培钊 出版发行：广西科学技术出版社

社 址：广西南宁市东葛路 66 号 邮政编码：530023

网 址：http://www.gxkjs.com 编 辑 部：0771-5864716

经 销：全国各地新华书店

印 刷：唐山富达印务有限公司

地 址：唐山市芦台经济开发区农业总公司三社区 邮政编码：301505

开 本：889 mm × 1194 mm 1/16

字 数：62 千字 印 张：2.75

版 次：2018 年 12 月第 1 版 印 次：2021 年 5 月第 5 次印刷

书 号：ISBN 978-7-5551-1116-0

定 价：39.80 元

我梦见，

水稻长得比高粱还高，

穗子有扫帚那么长，

籽粒有花生米那么大，

我好高兴，

就坐在我的稻穗下乘凉，

这叫禾下乘凉梦。

——袁隆平

中国有一句古话叫"民以食为天"，吃饭问题始终是中国人的头等大事。一个大国，如果农业基础不牢固，人民吃饭问题没有保障，那么整个经济社会就没有持续健康发展的根基。

有关吃饭问题，对人们来说，最重要的是口粮——这是保障人们根本生存需要的粮食。而在口粮中，世界上最重要的无疑是稻米，因为水稻养育着全球一半以上的人口。

　　稻米也是中国人的第一大主粮。中国是水稻的发源地，也是世界第一稻米生产大国。如今，全世界水稻平均亩产为 300 多公斤，日本等发达国家水稻平均亩产约 440 公斤，印度水稻平均亩产约 220 公斤，中国全国 4 亿多亩水稻平均亩产达到 460 公斤，居世界领先水平。而这里面，有近六成的大米是杂交水稻生产的。

　　中国是世界上第一个将杂种优势应用于水稻生产的国家。先进的杂交水稻技术，是中国近 40 年来提高水稻产量的最大秘诀。

杂交水稻的成功带来的巨大效益，为解决中国的粮食需求问题，乃至世界性粮食短缺问题发挥了极其重要的作用。

　　而这一切，与一位中国农业科学家的毕生付出和获得的成就紧密相关，他就是被全世界称为"杂交水稻之父"的中国工程院院士袁隆平。

　　袁隆平为中国的杂交水稻研究领域打下的坚实基础，使中国的水稻研究一直处于国际领先地位。到目前为止，还没有外国品种的水稻能打入中国市场。

　　1979 年 4 月，对推动全球发展中国家进行"绿色革命"、增加粮食产量起到重要作用的袁隆平第一次出国，出席菲律宾国际水稻研究所召开的科研会议。

　　在那次会议上，袁隆平用英语宣读了《中国杂交水稻育种》的论文并即席答辩。从此，国际水稻研究的科学家们普遍认可了中国杂交水稻的研究处在世界领先地位。

　　1981年6月6日，当时的国家科学技术委员会、国家农业委员会在北京联合召开籼型杂交水稻特别发明奖授奖大会，党和国家领导人王震、方毅、万里，著名科学家周培源、金善宝、钱学森等都出席了大会。

　　大会第一次将"国家特等发明奖"授予全国籼型杂交水稻科研协作组的袁隆平等人。这是中华人民共和国成立以来第一次颁发这个奖项。

时任国务院副总理方毅在大会上说："籼型杂交水稻的培育成功，丰富了水稻遗传育种的理论和实践，在国际上遥遥领先，为中国争得了荣誉。美国、日本、印度、意大利、苏联等十几个国家的科学家，开展杂交水稻的研究已有十几年的历史，但都还处在实验阶段，而我们是走在前面了。"

　　获得国内国际众多奖项和业界巨大声誉的袁隆平，天生就是一位优秀的科学家吗？

　　当然不是。和世界上许许多多的科学家一样，袁隆平的成就并不是天生就能获得的。几十年如一日的付出和坚持，对国家的责任感和对科学的不懈探索，以及对研究领域的无限热爱，才让他在科学研究领域里取得了如此卓越的成就。

1930 年 9 月 7 日，袁隆平出生在北京协和医院。那时候，北京还被称作北平。那个年代的中国，是一个积贫积弱的国家。到处是战乱与割据，人们常常吃不饱肚子。

1937 年 7 月 7 日，"卢沟桥事变"爆发，日本全面开启对华侵略战争。袁隆平一家和全国千千万万个家庭一样，经历着磨难与动荡，饥饿和死亡的威胁伴随了他的整个童年。

　　在残酷而痛苦的现实面前，袁隆平感受到了许多和平年代的孩子们感受不到的东西。

　　在严酷的现实下，他从小就立下了志向，长大要做一个使中国富强、不再受外国列强欺侮的人；在童年的饥饿记忆中他明白了，对一个国家来说，让人民吃得饱穿得暖是最重要的一件事。

要实现自己的志向，仅仅有梦想是不够的。

少年时期的袁隆平，特别珍惜战争年代来之不易的求学生涯。他在学习中最大的特点是喜欢思考，善于提问，遇到问题总是刨根问底。

学生时代的袁隆平不仅学业成绩优异，而且兴趣广泛，掌握了很多书本上没有的知识。

1949 年，中华人民共和国成立。经过连年战乱的中国，当时有 5.4 亿人口，粮食产量是 1.1 亿吨，每个中国人全年平均只有 209 公斤粮食，忍饥挨饿是中国人的常态。

此后的几十年，农业不断取得新的成就和进步，但粮食产量仍然长期不能完全满足人口增长和工业化发展需求。因此，当时的中国政府采取了计划供应的粮食消费制度。

中华人民共和国成立那一年，袁隆平考上了重庆相辉学院农学系（后并入西南农业大学，即现在的西南大学）。他想要研究农学，因为他对大自然尤其是植物生长规律有极大的兴趣。

那时候，学院里的学生们来自全国各地。这些青年学子们，包括袁隆平，都有一个共同的目标，那就是科技兴国。

在大学里，年轻的袁隆平阅读了国内外众多学术杂志和著作，接触了世界著名生物学家如米丘林、李森科、孟德尔、摩尔根等人的学术观点和科学思想。

他对研究生物学领域一些重大问题的兴趣与日俱增，为以后的杂交水稻研究打下了坚实基础。

大学毕业后，袁隆平来到湖南省西部山区雪峰山麓的黔阳安江农校教书。这农校老师的职业，一干就是19年。

袁隆平一边教学生各种知识，一边继续深入研究植物生物学、遗传学。他从阅读外文杂志中获悉，欧美学派的孟德尔、摩尔根创立的染色体、基因遗传学对良种繁育有重大指导作用。

这时候的他，大胆向水稻的杂种优势利用方向开启了探索之路……

　　1960 年 7 月的一天，在湖南安江农校当老师的袁隆平，无意间在学校实习农场的一块稻田里，发现了一棵鹤立鸡群的奇特水稻。

　　这棵植株高大、穗大粒多等优势明显的水稻，引起了他的注意。谁也没想到，这一发现会成为袁隆平进行杂交水稻研究的开始。

第二年，袁隆平根据那棵水稻后代的分离和退化现象，从理论上进一步论证了那株水稻是地地道道的天然杂交水稻。

　　他敏锐地意识到，中国六成左右的人口以吃大米为主，如果对这一杂种优势加以研究，可能会对提高水稻产量起到重要作用。这是一件意义非凡的大事！

水稻是世界上食用人口最多、历史最悠久的农作物。20世纪初，全世界的科学界普遍认为，像玉米这类异花授粉作物存在自交衰退、杂交有利现象，但是像水稻这样的自花授粉作物，无法像玉米那样进行异花授粉，很难利用其杂种优势。

　　因此，国际上进行水稻杂种优势利用的研究者极少，并且都没有成功，在国内更是长期无人研究。

　　此后几年里，袁隆平又在一些稻田里发现了长势良好的野生杂交稻株，并且由此逐渐得出结论：和异花授粉作物一样，水稻这样的自花授粉作物也具有杂种优势。

1966 年 2 月，中国科学院主办的《科学通报》半月刊第 17 卷第 4 期发表了袁隆平的第一篇论文《水稻的雄性不孕性》，这也是中国水稻杂种优势利用领域的第一篇论文。

在这篇文章里，袁隆平明确指出水稻具有杂种优势，还提出了初步利用此优势进行杂交水稻培育的设想。

但是，他的想法遭到不少人，包括某些学术权威的反对——他们断言搞杂交水稻研究没有意义，甚至说这是"对遗传学的无知"。袁隆平遭遇到他研究生涯的重大挫折。

幸运的是，他的文章引起了时任国家科学技术委员会九局局长赵石英的高度重视。他支持袁隆平的水稻雄性不育研究，并认为这项研究意义重大，如果成功，将使水稻大幅增产。

得到国家科学技术委员会领导支持的袁隆平，带领着科研团队开始了艰苦的科研攻关。他们把实验田设在了海南三亚的南繁基地。

海南三亚，这里有中国最美的海岸线，是冬季理想的度假胜地。但这块土地更大的价值在于长夏无冬的气候。优越的光照和降水条件，可以大大缩短育种周期。

所以，20世纪60年代至今，中国培育的7000多个农作物新品种里，有5000多个都有着共同的"南繁身世"。南繁基地成为农作物育种的"发动机"，每年都会有近万名科学家在这里进行科研活动。

袁隆平带领团队，开始在这里锲而不舍地寻找一颗可以改变世界的种子。

那时候，从湖南到海南的南繁基地，袁隆平和他的团队顺利时要走5天，不顺利时要走7天。乘船、搭车、步行是最常用的交通方式。

　　功夫不负有心人。1970 年的一天，袁隆平和团队在为远缘杂交收集野生资源时，他的助手李必湖和冯克珊在海南南红农场的一片沼泽地的小池塘边，发现了雄性不育的野生水稻——"野败"。

　　这株野生稻的发现，为杂交水稻科研工作打开了突破口，成为杂交水稻材料探索中的一个重要转折点。

随后，袁隆平带领科研团队用"野败"进行了上万个试验。1973 年，第一个具有较强优势的杂交组合"南优 2 号"终于获得了成功，当年实验亩产 628 公斤。

　　1975 年，袁隆平成功研制杂交水稻制种技术，为杂交水稻大面积推广种植奠定了基础。那年冬天，中国政府决定大面积推广种植杂交水稻。全国 50 多名顶尖农业专家纷纷赶到海南，与袁隆平一起研究，共同试验。

　　在推广种植实践中，杂交水稻立刻展现了它的增产效应——它的单产平均比常规水稻增产 20% 左右。

水稻产量从亩产500多公斤增长到1000多公斤是世界性的难题，世界上有成千上万的科学家在为此孜孜不倦地奋斗。

　　袁隆平及其创新团队先后实现了中国超级稻百亩连片平均亩产700公斤、800公斤、900公斤、1000公斤的4期育种目标，又于2015年开展超级杂交稻超高产攻关研究，并于2018年10月，在河北省硅谷农业科学院超级杂交稻示范基地创下了亩产1203.36公斤的纪录。

　　这些了不起的数字后面，是袁隆平和他的团队几十年如一日坚持不懈的研究。

　　中国领导人多次强调"口粮绝对安全"，中国一代又一代以袁隆平为代表的水稻科研工作者没有辜负这沉甸甸的期望。

　　在众多农业科学家的共同努力下，水稻、小麦等粮食作物的产量都有了大幅提高。加上大力兴修农田水利、合理应用化肥农药、大面积改造中低产田等，中国的粮食安全水平有了较大提高。从 1976 年到 2005 年的 30 年间，全国杂交水稻每年增产的稻谷可以多养活 7000 万人，相当于两个加拿大的人口。

　　在湖南杂交水稻研究中心大厅内，有一幅袁隆平先生的亲笔题词：发展杂交水稻，造福世界人民。这是为了让杂交水稻造福人类，袁隆平先生立下的心愿：要让杂交水稻走向世界。

　　2014年，袁隆平在北京举行的世界种子大会上发言时说："如果全世界50%的稻田种植杂交水稻，每年可增产15亿吨粮食，可多养活4亿到5亿人口。"

　　中国政府极为重视援外培训。由湖南省农业科学院、湖南杂交水稻研究中心以及袁隆平等发起成立了一家农业高科技公司，承接了国家援外培训的项目。

　　来自非洲国家赞比亚的保罗正是这个项目的学员。保罗所在的赞比亚是非洲南部受粮食危机影响最严重的国家之一，农业水平较低，种子资源相对缺乏，尤其是水稻种子的供应严重不足。他迫切希望学习中国杂交水稻的知识。他很清楚，在世界农业领域中，中国的杂交水稻研究应用实力最强。

　　在这里，像保罗这样的学员还有很多。除了学习先进的水稻育种与栽培知识，学员们有时还会在实验田遇到"杂交水稻之父"袁隆平先生。

　　自20世纪60年代开始研究杂交水稻，50多年来，袁隆平从没有停止到实验田观察研究。

全世界 90% 的大米是发展中国家消费的。不仅在中国，水稻也是亚洲、非洲和美洲近 10 亿个家庭的主要营养来源。

　　事实上，世界上五分之四的水稻是发展中国家的农民种植的，他们的土地有限，收入来源单一。水稻不仅意味着填饱肚子，还是人们摆脱贫困的重要手段。

　　中国对发展中国家的农业官员和技术人员进行培训，最重要的培训内容就是水稻育种与栽培技术。

以杂交水稻技术为基础，中国在全球近100个国家建立了农业技术示范中心、农业技术实验站和推广站，先后派遣农业专家3万多人次，帮助这些国家培养了大批农业技术人员。

　　这项工作已经开展了十多年。中国成功解决粮食问题的经验，正在世界各地广泛推广。

　　为了解决发展中国家粮食短缺问题，20世纪90年代初，联合国粮食及农业组织就把推广杂交水稻作为首选战略，选择了15个国家推广杂交水稻。如今，中国的杂交水稻已在40多个国家引进并示范推广。

　　受联合国粮食及农业组织所聘，袁隆平担当首席顾问，多次赴印度、越南、缅甸、孟加拉国等国家指导杂交水稻育种和繁殖制种技术。同时，还为这些国家培训杂交水稻技术骨干。

　　杂交水稻在解决世界的饥饿问题上正日益显示出强大的生命力。

　　前任联合国粮食及农业组织驻中国、朝鲜及蒙古国代表伯希·米西卡说："中国的发展不仅保证了自己国家的粮食安全，也对全世界的粮食安全做出了贡献。"

　　世界银行农业全球实践局高级局长伏格乐说："中国养活了世界21%的人口，可是只有世界9%的农业用地。这意味着它具有非常高的农业生产效率。"

　　袁隆平说："我有两个梦，第一个梦叫禾下乘凉梦。我梦见水稻长得比高粱还高，穗子有扫帚那么长，籽粒有花生米那么大，我好高兴，就坐在稻穗下乘凉。第二个梦叫杂交水稻覆盖全球梦。中国的杂交稻技术不仅能解决中国人的吃饭问题，还能帮助世界人民解决吃饭问题！"

　　美国著名农业经济学家唐·帕尔伯格说："随着农业科学的发展，饥饿的威胁在退出。袁隆平正引导我们走向一个营养充足的世界。"

到 2015 年，129 个被联合国粮食及农业组织监测的国家中，有 72 个国家完成了千年发展计划的第一条——使饥饿人口减半。他们中大多数是发展中国家，其中包括中国。

伯希·米西卡说："我们都担心'布朗之问'会在如今变成现实……而中国这个本被认为会带来更多粮食缺乏的国家，反而贡献了更多粮食安全。"

确实，中国是世界上人口最多的国家，接近14亿，几乎等于整个欧盟国家加上美国、加拿大、巴西、澳大利亚以及日本和韩国的人口总和。

　　中国人每天要消耗掉55万多吨粮食，接近全球粮食消耗量的四分之一。这些粮食如果用火车运输，一列列车厢头尾相接，大概排开130千米，相当于从北京排到天津。

　　需要这么多粮食，中国人能养活自己吗？一度，世界都在怀疑。

　　然而，布朗的预测并没有成为现实。中国用强有力的事实证明：中国人的饭碗牢牢地端在自己手上。目前，中国粮食人均占有量高于世界平均水平。不仅如此，如今的中国，肉类产量世界第一、水产品产量世界第一、水果产量世界第一、蔬菜产量世界第一……

　　在众多占据世界第一的农产品里，粮食产量的世界第一则是重中之重，是中国社会经济稳定的基础。

中国用不到世界十分之一的耕地生产了世界上四分之一的粮食，养活了占世界近五分之一的人口。农业多年持续稳定发展，不仅大量减少了中国的贫困群体，也帮助其他国家的贫困人口摆脱了粮食危机。

　　这一切，都源于1960年7月的那天，一位叫袁隆平的年轻人，怀揣着让全世界都远离饥饿的热情与梦想，发现了一株高大的天然杂交水稻。

　　他让一粒种子改变了世界……

延伸阅读

注释

杂种优势：这是一个遗传学上的术语。杂种优势是指杂交种通过继承其父母的不同优势，可能获得更好的生物特性，主要表现在生长势、活力、抗逆性、产量和品质等方面优于亲本。但同时，这种杂种优势从杂种二代起就大为减退。

"绿色革命"：是指20世纪60年代一些西方发达国家将高产谷物品种和农业技术推广到亚洲、非洲和南美洲的部分地区，促使其粮食增产的一项技术改革活动。

异花授粉：是指异株、异花以及不同无性系植物之间的授粉。有的植物雄蕊和雌蕊不长在同一朵花里，甚至不长在同一株植物上，它们的雌蕊必须得到另一朵雄花的花粉才能进行授粉。

自花授粉：是指植物的雌雄器官同在一朵花内，或同一株植物的雄蕊花粉对同一个体的雌蕊进行授粉的现象。

"布朗之问"：1994年，美国世界观察所所长莱斯特·布朗先生撰文预言，中国正以极其"危险"的速度从农业社会向工业社会转变。21世纪前期，增加的中国人口将吃空世界粮食，2030年左右，中国粮食的短缺将导致全球性饥荒，并发出"谁来养活中国人"的世纪之问。

最高地和最北端的水稻

一万多年前，中国人就开始种植水稻。如今，从东到西、从南到北，几乎所有省份，只要有水源就有稻田。

如今，中国人一直在努力扩大水稻的种植区域，在高海拔或高纬度地区均有种植。

云南省宁蒗县就生长着一种非常奇特的红色水稻。每年5月下旬，当同一纬度上江南的水稻已经抽穗扬花，这里才开始插秧。这里的水稻种得晚是因为海拔高。宁蒗县平均海拔2670米，年平均气温只有12.7℃。这种红米正是千百年来当地摩梭人的主要粮食作物，中国人把这种红色的稻米种到了中国高海拔地区。

从宁蒗县向北跨越24个纬度，是中国北方的黑龙江省呼玛县。这里冬季漫长而寒冷，最低气温在零下50℃以下，却是中国北方水稻的主产地。北纬47°，曾经被国际水稻研究界认为是水稻种植的最北界限，而呼玛高寒水稻的成功把水稻大规模种植的最北界限延伸到了北纬51°，这差不多是和伦敦、柏林、基辅同样的纬度。更有实际意义的是，早熟和极早熟品种的成功选育、结合高产栽培技术，实现了高寒地区连续多年高产稳产。从此，这里可以大面积推广水稻了。

中国水稻科研发展的三个历史阶段

第一阶段：以黄耀祥院士为首开创的"高秆变矮秆"矮化育种技术，使水稻亩产从中华人民共和国成立初期的126公斤，提高到20世纪70年代初期的230公斤，增产了100公斤左右。

第二阶段：杂种优势利用技术，以袁隆平院士为代表的一大批科学家发挥了关键作用，水稻亩产从20世纪70年代中期的230公斤，增加到90年代初的380多公斤，提高了150公斤。

第三阶段：1996年，中国启动了超级稻育种计划，至今全国已有三成左右的稻田种植了超级稻品种，再度把水稻亩产提高到450公斤，是世界平均水平的1.6倍。

1972年，中国农业科学院组织了一场全国性的水稻科研联合育种。30多个科研单位的科学家们用了上千个育种材料，与此前袁隆平团队在海南发现的"野败"进行了上万个实验。这是中华人民共和国成立以来第一次如此大规模地进行协作攻关，这样的合作精神至今仍被许多科研人员怀念。

同时，生物技术和信息技术的快速发展，给水稻科技进步增添了新的动力，水稻单产如今正在实现又一次飞跃。

中国水稻科研群体中的耀眼明星

袁隆平是水稻科研界最耀眼的明星。与此同时，中国水稻研究之所以在世界领先，也是因为有一支实力雄厚的科研队伍。让我们来看看，中国水稻研究领域其他"大咖"的身影。

丁　颖，中国现代稻作科学主要奠基人。

赵连芳，中国现代农业科学先驱。

周拾禄，提出粳稻起源新假说。

黄耀祥，水稻矮化育种开创者。

杨守仁，中国水稻高产栽培理论体系创始人。

李家洋，植物分子遗传学家。

张启发，绿色超级稻开创者。

朱英国，植物遗传育种专家。

谢华安，著名杂交水稻育种家。

颜龙安，著名杂交水稻育种家。

陈温福，北方超级稻育种家。

徐一戎，寒地水稻专家。

……

结　语

农业是培育和管理新生命的产业。每个人都要吃饭，每个人都希望吃得饱、吃得好、吃得健康。从某种程度上来说，农业科学家们工作成绩的优劣，决定了我们肚子里的东西是多是少，是好是坏。

科学家们身上的担子，还真是不轻松。

其实，如果有机会听一听老辈人讲他们过去的日子，你可以很容易地感觉到，我们现在过得真不错。大家不再为吃喝发愁，选择多得不得了。但是，这种农产品"供需平衡、丰年有余"的好日子，仅仅是从 10 多年前才开始的。

在此之前，关于饿肚子的故事你是不是已经听过了？不过，也许你还不清楚，20 世纪 50 年代的时候，全中国有 30 多亿亩耕地，却没能养活当时的 6 亿人口。而现在，我们用 18 亿亩耕地，已经连续 10 多年实现了粮食丰收。不仅是粮食，油料、蔬菜、水果、肉类、禽蛋和水产品的总产量也长期稳居全球第一。

中国用全球 6.5% 的淡水资源、9% 的耕地，养活了全球 20% 左右的人口，这真的是个了不起的成绩啊！

我们有亩产上千公斤的玉米地、亩产 700 多公斤的小麦田，有开着灿烂黄花的优质油菜，有不用打农药、虫子也不敢吃的转基因棉花……而袁隆平等科学家培育出来的一系列杂交水稻品种，更是让全世界都为中国喝彩。

在所有的现代科学技术中，最伟大的成就也许来自农业。正是日益创新的农业科技，成为地球人口不断增长的重要推手，支撑着世界各国的城市化进程，以及人类文明的进步。未来，凭借科技的力量，农业将会用更少的资源，更高效的生产，为人们提供更多更安全的食物。

目前，中国农业科技水平总体上和发达国家相比还有一定的差距，但有些领域，如生物农药、生物饲料、生物工程疫苗等方面已和世界一流水平相当，正在从"跟跑"转向"领跑"。而在杂交水稻、小麦细胞工程、家蚕功能基因组、重大动物疫病防控等方面的研究水平，已经居于国际领先位置。

也许，你现在还搞不清楚这些技术都是怎么回事，但请为像袁隆平一样研究农业科技的中国科学家们鼓鼓掌吧。

人类已经登陆月球，正在雄心勃勃地计划更远的太空旅行。终究会有一天，在漫长的星际旅行和建造地外基地的开拓中，农业现代科技将是古老的人类文明完成新使命的利器。

共和国科学英才

铭记科学家奋斗史

弘扬爱国主义精神

坚定报效国家志向

◆ 《大地之子黄大年》入选国家新闻出版署《2020 年农家书屋重点出版物推荐目录》

◆ 《"两弹"元勋邓稼先》《杂交水稻之父袁隆平》入选中华全国妇女联合会《2020 年全国家庭亲子
　阅读推荐书目》

◆ 《大地之子黄大年》获 2020 年广西十佳科普读物大赛优秀奖

◆ 《大地之子黄大年》入选 2019 年"少年中国 – 海淀未来科技公民科技书目发布及阅读推广活动"
　图书类优秀作品推荐书目

◆ 《杂交水稻之父袁隆平》入选教育部《2019 年全国中小学图书馆（室）推荐书目》

◆ 《大地之子黄大年》入选 2018 年广西当代文学艺术创作工程三年规划第一批重点项目

◆ 《"两弹"元勋邓稼先》《杂交水稻之父袁隆平》入选 2018 年广西新闻出版广电局精品出版项目